NOTICE

DES DESSINS,

GOUACHES,

ESTAMPES MONTÉES ET EN FEUILLES,

STATUES EN MARBRE, VASES PRÉCIEUX, TABLES DE MARBRE RARES, ET AUTRES OBJETS D'ARTS,

Qui composaient la Curiosité de feu M. LOUIS-ANTOINE-AUGUSTE ROHAN-CHABOT;

Dont la Vente s'en fera, au plus offrant et dernier enchérisseur, le Mardi 8 Décembre et le jour suivant, cinq heures de relevée, en la Maison de son décès, rue de Miroménil, Faubourg St.-Honoré, N.° 26.

L'Exposition publique des principaux articles détaillés dans la présente Notice, aura lieu deux jours avant celui de la Vente, depuis onze heures jusques à trois. 1806 [1807]

___

SE DISTRIBUE A PARIS,

Chez ALEX. PAILLET, rue Vivienne, N.° 18;

Et M. GEOFFROY, Commissaire-Priseur, rue Guénégaud, N.° 17.

MON TRIBUT D'HOMMAGE

A l'un des plus grands Amateurs du dernier Siècle.

Si l'amour pour les Arts et l'honneur qu'on doit leur rendre, avaient fait contracter l'usage de décerner des Couronnes à tous les généreux Amateurs qui leur ont donné la plus constante admiration, feu M. *Rohan-Chabot* aurait certainement acquis le droit d'en voir charger sa Tête, et sa mémoire doit être un éternel exemple pour tous ceux que leur fortune et leur goût mettent dans la possibilité de l'imiter. C'est à la fréquentation des Artistes les plus distingués du dernier siècle, et qui font encore aujourd'hui l'honneur de la Peinture, que M. *Rohan-Chabot* a dû le charme et les plus doux momens de sa vie.

C'est encore par son amour pour les Beaux-Arts, que la Peinture est redevable de compter au premier rang, parmi ceux qui l'exercent, M. *Cassas*, l'un des plus rares talens de son genre; ce qui est justifié par ses immenses travaux, ses études sans nombre et des voyages pénibles pour créer les plus précieux élémens de l'Architecture ancienne clairement démontrée dans une foule de Monumens en relief, dignes de l'admiration publique, et des premiers honneurs. Savant et modeste, il reporte journellement à son bienfaiteur toute la gloire de ses grands talens.

Nous terminerons cet abrégé préliminaire sur ce respectable Amateur, en rappelant au souvenir des Curieux et Connaisseurs, le précieux Cabinet de Tableaux des grands Maîtres qu'il avait formé, et que, par suite de circonstances impérieuses, il a fait vendre publiquement dans l'année 1787. Voulant être dédommagé de cette privation, il a désiré mettre sous ses yeux une réunion piquante et agréable des plus belles Gouaches, Aquarelles, Dessins et autres articles de belle curiosité, dont cette Notice succincte offre les détails.

Le tout formera deux séances d'un égal intérêt, par la variété et la nature des objets qui seront exposés, les Dimanche 6 et Lundi 7 Décembre 1807, depuis onze heures jusqu'à trois; la matinée du 8 suivant, jour de la vente, étant réservée pour les arrangemens de sa disposition.

NOTICE
DE DESSINS,

Gouaches, Aquarelles, Estampes, Figures de marbre, Vases précieux, etc.

TABLEAUX.

N.º I.ᵉʳ = Deux Morceaux peints au pastel, par *Rosa Alba*, et des plus renommés de cette Artiste célèbre. Ils représentent chacun une Figure de Femme à mi-corps, proportion de nature, simplement ajustée de quelques Drapperies légères; l'une joüant avec des Fleurs; l'autre tenant un Lapin dans ses Bras. On ne peut pas désirer de production plus gracieuse, et d'une plus parfaite conservation en ce genre.

64.⁴

2. = Un Tableau de la première renommée dans la curiosité, sous le titre de la *Coupeuse de Choux*, par *Santerre*, offre le Portrait d'une belle Femme, vue de face et à mi-corps, sous

2400

le costume pittoresque d'une Jardinière. Ce Morceau de caractère, provient du précieux Cabinet de *Blondel de Gagny*, à la vente duquel il a été porté au prix de 6000 liv. *Voy.* le Catalogue de *Pierre Remy*, pour un plus ample détail.

3. = Portrait de madame *Dubarry*, par *Elisabeth Lebrun*, Morceau du plus grand goût d'exécution, digne de la célébrité de son auteur.

4. = Un petit Tableau sur cuivre, études de Papillons et Chenilles, par *van Kessel*.

GOUACHES ET AQUARELLES
SOUS VERRE.

5. = Un grand Morceau à la gouache, le plus capital et le plus riche connu de *van der Ulft* ; il représente le Sujet d'une Entrée triomphale d'un Monarque de l'Asie dans une grande ville : ce qui peut être interprété par des Lions, des Tigres et des Léopards qui marchent devant son Char. Une Foule immense de Peuple, dont il est impossible de fixer le nombre,

donne à cette production un intérêt digne de la renommée de son auteur, et l'on ne craint point d'ajouter qu'il est de toute rareté de voir en vente une composition aussi marquante, les Amateurs de la Hollande les ayant toujours recherchées à grands prix.

6. = Un moyen et précieux Dessin à la pierre d'Italie, par le même Peintre, offrant une Place publique couverte d'Edifices et de Personnages sous différens Costumes, parmi lesquels on distingue quelques Cavaliers.

54" paillet

7. = Une brillante et très-belle Gouache, par *Hackert*, représentant un Point de vue de Mer, et d'un Port des environs de Naples, avec toutes les Richesses de détail analogues à ce genre. Vers la gauche, et à l'abri d'une Montagne, l'on voit des Matelots qui prennent leur Repas autour d'un Feu.

120.

8. = Deux petits Morceaux de Paysage à la gouache, par *Wagner*. Dans l'un, un léger Pont de Bois; dans l'autre, une Chaumière appuyée contre des Montagnes.

9. = Deux autres, même genre et proportion, *par le même*.

25

GOUACHES, etc.

10. = Deux Morceaux à la gouache et des plus capitaux de *N. Pérignon*; l'un représente la Vue et les Détails de la Porte du Port, à Anvers, du côté de l'Escaut; l'autre, offre un riche Paysage indiquant un Point de vue de la Suisse ou des environs de Genève. Cet Artiste précieux et fidelle dans toutes ses aimables Productions, a donné une preuve marquante de son talent, dans l'exécution de ses deux Tableaux très-distingués dans ce genre de Peinture.

11. = Deux autres moyennes Gouaches aussi d'après nature; l'une offre un Point de vue du Lac de Genève, et l'autre dans ses environs. On y retrouve également cette touche facile et douce qui caractérise leur Auteur.

12. = Une autre charmante Gouache offrant un Point de vue de la Mer et du Rivage de Sheveling. On y remarque, entr'autres détails, des Femmes qui vont à bord d'une Barque de Pêcheurs.

13. = Un joli Morceau à gouache et brillant dans ses détails, par *De Machy*. Il repré-

sente des Ruines de Monumens, et une Fontaine où des Pâtres font abreuver leurs Troupeaux.

14. = Un grand Dessin à l'aquarelle, par *L. F. Cassas*, représentant les Colonnes du Panthéon d'Adrien, à Athènes. On voit sur le second plan, une partie de la Citadelle, le Temple de Minerve et celui de Thésée; dans le fond, à gauche, le Musée, et à droite le Mont Hymete qui termine le Tableau.

15. = Le Pendant offre l'ensemble des Ruines de Balbeck, anciennement, *Héliopolis*. Ces Ruines magnifiques sont situées au milieu d'un riche Paysage, et l'on aperçoit dans le fond la chaîne du Mont Liban, qui embrasse tout le Tableau.

Ce n'est point un éloge d'usage, ni intéressé, que nous donnerons à ces deux Dessins capitaux, et d'une puissance de coloris au-dessus de leur genre, mais un juste tribut au talent et à l'énergie de plume de leur auteur, qui semble s'être surpassé en les exécutant pour son respectable protecteur, M. *Rohan-Chabot* dont le coup-d'œil et le goût avaient parfaitement jugé les progrès rapides de son protégé, dans la carrière de ses études.

16. = Deux autres Dessins aussi à l'aquarelle et à la plume, par le même Artiste. L'un représente la vue générale du Lac d'Averne, la Grotte de la Sibylle, le Monte Novo et le Temple d'Apollon. Plus loin, on aperçoit une parties des côtes de Bayes, le Cap Misène, et l'île Caprée dans le fond. Cette vue est prise au-dessous du Lac, sur le chemin de Cumes.

L'autre Dessin représente une vue du Tibre, avec le Ponte Siste sur le devant. On voit dans le fond une partie du Palais Farnèse, avec la Masse de Fabriques qui bordent la Rivière.

Ces Morceaux moins grands que les précédens, ne leur cèdent en rien pour la richesse des sites et la fermeté de leur exécution.

17. = Deux autres beaux Dessins au bistre. L'un représente la vue du Pont de Civita Castellano, avec le Mont Saint-Oreste dans le fond ; l'autre une Fabrique, que l'on remarque sur le chemin de Velletry à Cora.

18. = Deux moyens et charmans Morceaux à la gouache, par *Moreau* l'aîné. Ils offrent dif-

DESSINS.

férens Points de vue de Paysage de sites champêtres, et sont touchés avec autant de goût que de facilité.

19. = Un Intérieur e chambre à coucher, où l'Artiste a représenté une jeune et jolie Femme sortant de son lit, et occupée à mettre sa Jarretière, en causant avec un Homme qui est appuyé sur la cheminée. Ce Morceau à la gouache, par *Lavrince*, a marqué dans la curiosité par la réputation de son Auteur.

20. = Deux grandes Gouaches par un Artiste moderne, offrant des Paysages de sites italiens. L'une est encadrée, et l'autre en feuille.

DESSINS MONTÉS.

21. = Un Dessin de toute rareté et de la première finesse, par *Rembrandt*. Il est de forme cintrée, offrant le Sujet d'un Personnage vénérable qui semble faire compter de l'argent à des Ouvriers. Composition de plus de quinze Figures tracées à la plume, dans une harmonie d'effet et de magie digne de la célébrité de son Auteur.

DESSINS.

22. = Un petit Dessin encore très-rare et d'une grande finesse, par *Karel du Jardin*. Il représente un agréable Point de vue de Paysage et Rivière, avec Figures de Pêcheurs qui traînent leurs filets

23 = Un Dessin à la pierre d'Italie, sur vélin, par *W. Mieris*, représentant un Sujet de Bacchanalle, composée de Faunes, Bacchantes et Enfans. Morceau précieux et classé avec distinction dans les Collections hollandaises, particulièrement sous les rapports du précieux fini.

24. = Deux charmans Dessins de Paysages à la plume et coloriés, par *Moucheron*. Dans l'un, on voit le Péristile d'un Palais, et dans l'autre, une Fontaine surmontée d'un Lion. On ne peut rien désirer de plus fin de cet excellent Paysagiste, qui s'est appliqué à suivre la précieuse manière de *van Huysum*.

25. = Deux beaux Dessins à la plume, lavés de bistre et mêlés d'aquarelle, par *J. P. Panini*, offrant des Ruines et Monumens d'architecture. Ces Morceaux de choix proviennent de la

DESSINS.

Collection fameuse de *Rendon de Boisset*. Voy. son Catalogue.

26. = Un autre Dessin, même genre et forme, par le même.

27. = Deux précieux Dessins d'étude, coloriés, Points de vue des Cascatelles à Tivoly, aussi par *J. P. Panini*.

28. = Etude précieuse à la sanguine, par *Edme Bouchardon*, d'un Enfant assis, mangeant des raisins.

29. = Deux Etudes à la pierre d'Italie, rehaussées de blanc sur papier bleu, offrant chacune un joli Enfant debout et en chemise, par *Tremolière*.

30. = Un Dessin colorié à l'aquarelle, par *Ch. Natoire*. Composition pour un sujet de Bacchus et Arianne.

31. = Buste d'un jeune Ecolier. Etudes aux trois crayons, mêlée de pastel, par *Fr. Boucher*.

32. = Une Figure de Femme. Etude pour un sujet de Venus carressant ses Colombes. Par le même.

33. = Un Buste de Vierge, légérement colorié de pastel, aussi par *F. Boucher*.

34. = Un Dessin de première classe dans son genre, et l'un des plus marquans qui soit sorti des mains de feu M. *Dewailly*. Il représente la vue exacte et les détails de la place Navonne à Rome, et tous les Edifices qui l'entourent. Cette magnifique production est enrichie d'une immense quantité de Personnages de tous états et costumes, qui justifient par l'esprit et la vérité de leur mouvement, les grands talens et la renommée de cet Artiste. Voyez le catalogue de *Rendon de Boisset*.

35. = Un magnifique et capital Dessin, par M. *Pajou* père. Il représente un trait historique de Lycurgue. L'artiste a pris le moment où l'on apporte à ce législateur, l'Enfant dont la Veuve de son Frère venait d'accoucher, et qu'il dit aux assistans assemblés dans un festin, *voici un Roi qui vous vient de naître, Seigneurs Spartiates*.

Nota. Ce sujet, est décrit plus au long, en

DESSINS.

marge du Dessin, qui fait honneur à notre Ecole moderne.

36. = Un Dessin très-capital et de la plus riche ordonnance, par M. *Moreau jeune*. Il est précieusement arrêté à la plume, lavé de bistre et rehaussé de blanc.

« Ascagne, d'après l'ordre de son père, devait
» se rendre à la cour de Carthage; Vénus
» ordonne à l'Amour de prendre pour une nuit
» la figure du fils d'Enée.

» Cupidon part sous la conduite d'Acate,
» arrive à la cour de Didon, avec les présens
» qui lui sont destinés; lorsqu'il entre dans
» la salle du festin; la Reine venait de se
» placer à table. » C'est le moment que l'Artiste a pris pour son sujet. *Enéide livre* 1.er, *page* 59, traduction de l'Abbé Desfontaines.

37. = Un Dessin du plus grand effet et d'une plume énergique, par *J. B. Greuse*. Il est largement lavé d'encre de la Chine sur papier blanc, et représente une de ses scènes qui n'ont jamais échappé à cet Artiste observateur de la nature. On y voit une jeune Femme accompagnée de ses Enfans, qui semble rendre compte

16 DESSINS.

à sa mère de quelque choses, avec beaucoup d'action. Le genre et le costume sont ceux des halles, qui ont souvent exercé les pinceaux de *Greuse*.

38. = Un autre joli Dessin croqué à l'encre de la Chine, avec infiniment de goût et d'imagination. Il représente le Sujet plaisant d'une Poupée à ressort que l'on fait tourner sur une table, en présence d'une foule de spectateurs.

39. = Un Dessin au bistre sur papier blanc, par *H. Fragonard*, offrant l'étude du charmant sujet : *Dites s'il vous plaît*.

40. = Un autre Dessin fait au bistre, représentant une Famille villageoise dans l'intérieur d'une Etable. *Par le même*.

41. = Un Sujet de l'Adoration des Mages, croquis au bistre, d'un grand goût d'exécution et plein de vigueur dans son effet.

42. = Un Aigle enlevant un Enfant dans les airs. Imitation du sujet de Ganimède, par *Rembrandt*.

DESSINS.

43. = Sujet d'une scène familière, représentant une Mère qui semble dire à son Enfant : *Demandez pardon au grand Papa*. Il appartenait à cet Artiste très-spirituel, d'exprimer toutes les actions du sentiment et les justes mouvemens de la nature.

44. = Un autre Dessin au bistre sur papier blanc, offrant le Sujet d'un jeune Pâtre faisant sortir son troupeau de l'étable. Plus, une Etude d'un jeune Garçon assis à terre, les jambes alongées.

45. = Deux grands et précieux Dessins de Paysage, exécutés à la plume, avec autant d'art que de finesse, par *Palmerius*. L'un est composé à l'imitation de *Salvator*; l'autre, de *Zucharelly*. Ces Morceaux du premier choix parmi les nombreux ouvrages de cet Artiste, avaient été faits pour M. le marquis de *Felino*, à la vente duquel ils ont été appréciés et portés au prix le plus respectable.

46. = Un autre Dessin encore d'une plume sûre et hardie, exécuté dans les soirées d'Académie, chez M. *de Roban Chabot*. Il représente le Sujet d'un Maréchal occupé à ferrer un

cheval, tandis qu'un autre est attaché par son licol à la muraille, vers la gauche de la composition.

47. = Deux Dessins de même genre, aussi de *Palmerius*. Ils représentent des Fabriques pittoresques, Chevaux et Figures, dans le style de N. *Berghem*.

48. = Deux petits Dessins de forme ronde, offrant des Points de vue de Paysage, avec Chevaux et Personnages, exécutés avec cette finesse de plume digne de *Labella*.

49. = Deux jolis Dessins de Paysages au bistre, par *Leprince*.

50. = Dix Dessins à la sanguine, études d'architecture, par *Renard* et autres Artistes, qui seront divisés par lots.

51. = Quatorze moyens et petits Dessins, différens genres et sujets, par *Huet*, *Leprince*, *Dietrici*, etc., qui seront divisés. Plus, un médaillon en miniature, portrait d'une Femme artiste tenant une Palette.

52. = Trois Dessins de différens genres, un

DESSINS

Fragment d'Architecture, Cérémonie funèbre et un Croquis de Paysage, par *Wattelet*.

DESSINS EN FEUILLES.

53. = Deux précieux Dessins de Paysages et Points de vues de Rivières, par *Paul Bril*, et une Etude d'un Cheval, par *van Bloëmen*.

54. = Cinq Dessins à la plume. Compositions diverses, par M. *Pierre*, dans les soirées d'Académie, chez M. de *Rohan*.

55. = Cinq autres, *idem*. Par le même.

56. = Six Dessins d'études et compositions, par MM. *Lagrenée* frères.

57. Cinq autres. Par les mêmes.

58. = Cinq, *idem*.

59. = Suite précieuse de trente-sept Feuilles de Dessins à la pierre d'Italie, par *Fragonard*, d'après les fragmens antiques du Capitole et autres Collections de Rome.

DESSINS.

60. = Deux charmans Dessins au bistre, *par le même*, composés dans un style pittoresque. L'un représente les détails d'un Four banal de Négrepille; l'autre, une Cuisine de Saint-Remo, du côté de Gênes.

61. = Une Composition historique, et une étude d'un Lion d'après l'antique. Toutes deux au bistre, *par Fragonard*.

62. = Une admirable étude de Paysage, site pittoresque, *par le même*, faite dans le Limousin.

63. = Portrait d'un Personnage, d'un dessin soigné, à la sanguine, par *Jacob Saly*.

64. Quatre Dessins, croquis de Paysage, par *L. F. Cassas*, et une Composition sujet de la fable, par *Julien*.

65. Six Dessins, Etudes et compositions, par *Houël* et *Echard*.

66. = Cinq autres, même genre.

67. = Douze Dessins de Paysages et Marines, à l'aquarelle mêlée de gouache, par *N. Pérignon*, qui sont divisés par lots.

DESSINS.

68. = Six Dessins, études de Paysages et Figures sous différens costumes, par *J. B. Leprince*. *10.*

69. = Huit Dessins, différens sujets et genres, par MM. *Moreau* frères. *36*

70. = Huit autres Dessins, dont deux Etudes, par *Fr. Boucher*. Un Croquis par *Lagrenée* jeune, etc. *12. maillet*

71. = Deux Etudes de Paysages à la sanguine, par *Renard*; et quatre autres Dessins, dont *le tombeau de Michel Ange*. *7. 1*

72. = Treize Dessins, études de Paysages, par différens Amateurs. *8. 1*

73. = Vingt autres, même genre. —

74. Quelques lots de Dessins, Etudes de tous genres, seront détaillés sous ce Numéro.

ESTAMPES SOUS VERRES.

75. = Portrait de Louis XVI, par *Berwick*. Ancienne épreuve. *129. lenoire*

ESTAMPES.

76. = La Lecture et la Conversation espagnoles, par *Beauvarlet*. Les marges avariées.

77. = Mort du général Wolf, par *Woolette*. Ancienne épreuve.

78. Eliodore chassé du Temple. Epreuve coloriée, d'après *Raphaël*.

79. = Moïse tenant les Tables de la loi, d'après *Ph. de Champagne*.

80. = Quelques Portraits et Sujets en gravures seront détaillés sous ce Numéro.

ESTAMPES EN FEUILLES.

81. = Plusieurs Porte-Feuilles de Gravures, de tout genre, dont il sera formé des Lots, parmi lesquels on distinguera une partie des Loges du Vatican; diverses Pièces, par *Strange*, et autres Graveurs modernes; quelques Livraisons des Monumens français, etc. etc., dont il sera formé des Lots dans les premiers articles des Vacations.

FIGURES EN MARBRE.

82. = Précieuse Copie d'un jeune Faune,

VASES PRÉCIEUX, etc. 23

portant un Chevreau sur ses Epaules. Proportion d'environ 26 *pouc*.

Une autre charmante Figure de l'Apolline, aussi d'un travail soigné, même proportion, et Pendant de l'article précédent. Chacune est placée sur un Fût de Colonne cannelée, en bois peint, imitant le Porphire.

83. = Deux Bustes en plâtre, Portraits de *Gluk* et Mademoiselle *Arnould*, avec Fûts de Colonnes en bois.

VASES PRÉCIEUX,
ET TABLES DE MARBRES RARES.

84. = Deux Vases de la plus belle proportion, forme de Médicis, en Porphire d'Egypte, du plus précieux travail romain; ils sont évidés à la plus légère épaisseur, et ajustés sur de riches Socles à frise arabesque en fonte ciselée et dorée au mat.

Nota. Nous prévenons que l'un de ces Vases est fracturé au Bord de la Voussure et à un Angle de sa Plinthe, mais susceptible d'une facile restauration.

VASES PRÉCIEUX, etc.

60.″ *Brouces* 85. = Un Morceau de Porphire, encore de belle qualité, figurant une moitié de Chapiteau de style égyptien.

93. *Jamar?* 86. = Deux Vases de marbre brocatelle, forme d'œuf et de bon profil, peu évidés.

400. *Coquille* 87. = Deux Lionnes en marbre noir ou basalte, style égyptien, d'après l'Antique.

300. *Minaut* 88. = Une moyenne et précieuse Table, ouvrage de Florence, en incrustation d'Echantillon de jaspe et marbre les plus rares, avec encadrement de jaune antique. Cette pièce, de belle curiosité, est montée sur un pied de bon goût, en bois doré rechampi en noir.

419. 89. = Une Table de plus grand volume, même travail, également composée d'Echantillons de marbres précieux, avec encadrement de marbre noir. Elle est montée sur un pied de bois doré rechampi en blanc.

500. 90. = Une autre Table, même dimension et genre; également précieuse.

162. *Coquille* 91. = Un Coffret plaqué en bois de pali-

MEUBLES.

xandre, formant Cabinet, garni de sept Tiroirs distribués par cases, qui contiennent une suite d'Echantillons de Marbres précieux, Jaspes et Albâtres ; article curieux et complet dans son genre. On y joindra le Catalogue en italien.

92. = Plusieurs Tableaux en Stuc, nommés *Trompe-l'œil*, figurant des Gravures et Dessins, qui seront détaillés par couples.

MEUBLES DE CABINET.

93. = Un Bas d'Armoire en marqueterie, de *Boulle*, première partie ouvrant à trois venteaux, celui du milieu plein et en avant-corps, les deux autres garnis de Verre blanc. Ce Meuble, de bon style, est richement décoré de Fontes dorées d'or moulu, comme Equerre, Rosettes, Moulures, Trophées et Bas-Reliefs allégoriques aux Arts. Son dessus est un beau Marbre griotte d'Italie.

94. = Une grande Console en bois d'acajou, à dessus de Marbre blanc, et quatre Tablettes en pareil Marbre, servant de gradins

pour y placer des Porcelaines. Ce Meuble qui se termine en encoignure de chaque bout, est orné de larges Feuilles et Moulures en Fonte dorée d'or moulu.

PORCELAINES DE SEVRES ET AUTRES,
qui garnissaient le Meuble ci-dessus.

95. = Trente Tasses, la plus grande partie d'ancien Sèvres, variées de forme, de couleur et d'ornemens, qui seront détaillées sous ce Numéro, ainsi que deux belles Ecuelles, Théières, Sucriers et autres pièces de ce genre.

96. = Un Bouquet de Fleurs en Porcelaine biscuit, dans son Cadre de forme en ovale.

97. = Deux Sphinx à Têtes de Femme, moulés en Terre noire, sur leur Socle de même matière.

CURIOSITÉS DIVERSES.

98. = Petit Modèle en bois peint, imitant le Porphire, du Tombeau de Clément XII, avec sa Cage de verre.

CURIOSITÉS.

99. = Modèle de Chaumière exécutée en terre et mousse, aussi sous Cage de verre.

100. = Collection d'Empreintes en soufre, d'après les plus rares Pierres gravées antiques, au nombre de plus de 400, contenues dans huit Boîtes.

101. = Quelques Tableaux, dont un Sujet de Saint Pierre, par *Ribera* ; une Composition historique, par *D. Teniers* ; deux riches Paysages modernes, et autres articles, s'il y avait lieu, seront détaillés sous ce Numéro.

FIN.

De l'Imprimerie de P. L. DUBRAY, Imprimeur du Musée Napoléon, rue Ventadour, N.º 5.

www.ingramcontent.com/pod-product-compliance
Lightning Source LLC
Chambersburg PA
CBHW050039230526
45470CB00003B/1349